बातें अपने आप से

जगदीश चंद्र राजा

BookLeaf Publishing

India | USA | UK

Dedication

समर्पित

उन सब के लिए,
जिन्होंने समय दिया,
मेरी कविताएं पढ़ी,
फिर भी संपर्क नहीं तोड़ा।

Preface

प्रस्तावना

जीवन के धूप छांव के खेल में,
हम अपने आप को भूले रहते हैं।
तकरीबन दस वर्ष पहले, किसी पल,
ऐसे एक आभास से प्रेरणा पा कर,
मुझे लगा, स्वयं से भी मिला जाए।

समय समय पर जो शब्द अंदर उभरे,
उनमें कुछेक ऐसे थे:

बंद कर बीन, तमाशे से बाहर आ,
बजने दे डमरु, अंदर अपने शिव जगा।

तब से, जब अवसर मिलता है, लिखता हूं।

परिवार के सदस्य व मित्र,
मुझे अपना लिखा उन्हें भेजने देते हैं।
पढ़ भी लेते हैं।
उनके कहने पर, छपवाने की सोच बनी।

जो लिख रहा हूं, प्रस्तुत है।

जगदीश

Acknowledgements

अभिस्वीकृति

किसी भी पुस्तक के पीछे, बेशक कई जीवन शक्तियों व अच्छे बुरे सहयात्रियों का योगदान होता है।

जीवन की यात्रा को सुखद व सार्थक बनाने जितना ही महत्वपूर्ण योग सबक सिखाने वाली घटनाओं और घटकों का होता है।

कविता अति सुखमय अनुभूति की देन हो सकती है, और ठोकरों से मिली, मायूसी से भी उभर सकती है। या अकेलेपन में संवाद का प्रयास भी हो सकती है।

मेरी कविताएं भी, अपने आप जन्मी इकाइयां हैं। इनके पीछे के अनुभव, व अवलोकन मेरे हैं।

लेकिन इनके संरक्षण व पोषण का असल श्रेय उन सब परिवार व मित्र गण को जाता है, जिन्होंने इन्हें इससे भी अधिक अपक्व व अधूरे रूप में देखा और फिर भी सराहा।

उन सब का आभार।

1. टापू मेरे

टापू मेरे

अपनी ही उधेड़-बुन के जाल में उलझे,
हम हैं मंद-प्रबल लहरों से घिरे एक टापू जैसे।

पानी जिसके चारों ओर, न गहरे न उथले,
जहां अंधेरे-उजाले मिलें, भूल स्पर्धा के रिश्ते।

दृश्य जहां के, न स्पष्ट न धुंधले,
दिशाएं, भटकन को दें हौंसले।

दूर इतने कि समय भी भूल जाए रस्ते,
भ्रम जानने न दे, क्या पहले क्या पीछे।

सुबह-शाम, दिन-रात, गुज़र जाएं, पता न चले,
शोर इतना, कि अपने मन की ही न सुने।

नींद की गहरी खुमारी, कभी न उतरे,
जगते पलों की यादें, ढूंढे न मिलें।

फिर भी, कभी कभी ऐसा लगे, खूब हैं ये,
तमाशे, अपनी जिंदगी, अपनी ही दुनिया के।

कभी एक तरंग सी उठे - जग जा, सुधार इसे,

कर कुछ ऐसा कि सब बदले, सजे, दमके।

सुधार के, अनेक उपाय किए,
रूप, द्रव्य, क्रम बदले, पर नहीं जचे।

जग ही गया, इस कोशिश के चलते,
पाई कमी, एक सूरज की, इन सबमें।

उपहार, मुझे भी थे मिले,
सूरज-तारों की रोशनी के।

मैंने ही न पहचाना उन्हें,
रह गया था जलाना, भूल से।

बहुत कुछ बदल दिया है अब, रोशनी ने,
दृष्टि बदली है, दृश्य भी हैं बदले।

राहें और दिशाएं खुल गई हैं, टापू में मेरे,
स्पष्ट है बहुत कुछ, कुछ कुछ छट गए हैं, अंधेरे।

शोर ने ठान ली है, कि पकड़ ले सुर, सरगम के,
अब तब चमक सी दिखने लगी है, पानी में मेरे।

उलझनें अब भी हैं, पर नहीं हल से परे,
भटकन अब पा रही है पता, दिशाओं से।

पा लिया है ठिकाना मेरा, समय ने,

डाल दिए हैं, पहरों ने पहरे।

पर खोले भी हैं, विस्तार नए,
दिखें रंग अलग, हर पल के।

भ्रम ने भी अपने पहलू हैं बदले,
दिखे कोई झलक सी, उसके परे।

कहीं दूर से, संदेश हैं मिले,
जी, जगते जगत में।

रोशनी इतनी कर दे,
कि हर पल खिले।

जगदीश

2. बातें, अपने आप से

बातें, अपने आप से

कौन करे, और मान भी ले,
वो करता, बातें अपने आप से।

क्या कोई पगला, फिरे अकेला, बिछड़ काफ़िले से,
राही कोई, बिन मंज़िल का, मिली न राह भी, जिसे।

वो तो, बेखुद सा, ऐसा न माने,
भटकन को ही, राह जाने।

पहुंच चुका, समझे,
पार, मंज़िल के।

करे वो बातें,
अपने आप से।

जगत की, जगत से,
भान की, भान से।

ऐसे में, कोई क्या समझाए,
सही रास्ते, कैसे लाए।

उसे, कुछ नासमझ समझें,

कुछ न समझें, कुछ समझ भी लें।

कुछ कहें, कहता रहे,
कह रहा आखिर, अपने आप से।

माथापच्ची करे, अंदर अपने,
मन-अहम-विवेक के बारे।

रहस्य जगत के, खोजे,
अंदर, बाहर के।

ऐसा माने, बदल सकें सब, चलन अपने,
जब देखें, सुनें, कि मन में क्या चले।

कहे सुने से अधिक असर करें,
अंदर से उठे बोल, अपने आप के।

संदेश व संकेत, प्रकृति से पाने के,
साधन होंगी, बातें अपने आप से।

निर्मल झरने, नदी नाले, शांत झीलें, समंदर की लहरें,
परबत ऊंचे, घाट गहरे, रिमझिम बरसते बादल काले।

इन सब के किस्से गढ़े, उड़े ऊपर आकाश के,
जब भी करे, बिन झिझके, बातें अपने आप से।

उसके मन में कभी अंधेरा, कभी दीप जलें,

कभी भटकन, कभी सीधी सोच के तीर चलें।

कभी व्यथित, कभी हर्षित रहे,
कभी दबा बोझ तले, कभी हल्का, हवा से।

रुके, चले, चले, रुके, ऐसा करे, करता रहे,
हार न माने, रुकता चलता, चलता चले।

बाहर चाहे कम बोले, न भी बोले,
अंदर अपने, बंद न करे, बातें अपने आप से।

उसकी बातें, वही जाने, या उसका मन जाने,
कोई सुन सके, तो पाए, जैसा अपने आप में।

किसी ने मन पाए, सुलझे हुए, बिन गिरह के,
शुभ हैं ऐसे मन, जीवन आसान बना दें।

मन ऐसे, भोले से,
शांत रहें, शांत करें।

उलझे मन भी, गिनो शुभ में,
नचाएं, पर बनें साधन उत्थान के।

जिन के मन उलझे से,
लक्ष्य मिलें, सुलझाने के।

जानने व समझने को, उलझनें,

करनी पड़ें, बातें अपने आप से।

बातें, बेतुकी, जिनके सिर-पैर न थे,
बदलें, धीरे धीरे, अंतर के आयाम में।

कुछ समझ दें, कुछ चैन दें, कुछ हर्ष दें,
मन की झीलों को, शांत - स्थिर करें।

कौन जाने, करते करते, बातें अपने आप से,
प्रश्न मुश्किल से, सकल मानस तक जा पहुंचें।

उत्तर भी मिल जाएं, जो सुझाएं तरीके,
स्वयं को जान, सब जान पाने के।

कर बातें, अपने आप से,
कर बातें, अपने आप से।

जगदीश

3. समय से दोस्ती

समय से दोस्ती

समय से कल मेरी बात हुई,
चली तो पल भर ही,
समय को जल्दी थी,
जाने की।

मुझे तो लघु सी लगी अवधि,
समय के उस पल की,
समय ने हर पल की,
दीर्घता अनंत कही।

बात गूढ़ थी,
मैं समझा नहीं,
पूछना चाहा, पर वह पल ही,
फ़िर न मिला कभी।

लंबी चली तलाश मेरी,
पर वह पल तो न था कहीं,
किसी और पल से मदद मिली,
पहेली उसी ने सुलझा दी।

मुझ से मिलने आया पल ही,
बना था, ब्रह्मांड के हर कण का संगी,

रहा था, हर घटन का साक्षी भी,
अनंत में उपस्थिति, अनंत की।

बात आकर्षक लगी,
पर तस्वीर समय की,
कुछ और ही थी,
मन पर खिंची।

बीत जाए जल्दी,
लौटने का नाम नहीं,
यादें कैसे करें पूरी,
बीते पलों की कमी।

दिखे न विस्तार, न चाल, समय की,
किसी ने न सुनी आहट पगों की,
थामे न थमे रफ्तार उसकी,
बरसे, बह जाए, बौछार पलों की।

समय समझ न पाए, उलझन हमारी,
चला एकसार, चाल तो उसने चली नहीं,
न कभी कोशिश की, हमें भटकाने की,
गति व दिशा उसने सदा रखी, एक ही।

पलों से बाहर जीने की,
आदत हमारी अपनी,
भटकन, अपने ही मन की,
पलों का दोष नहीं।

तज दे रंजिश, समय में नहीं कोई कमी,
नासमझी है हमारी अपनी ही,
जी इस पल, जाने दे याद बीते की,
है आदत मन की, समय को रंग देने की।

हर पल में है, अनंत सामर्थ्य व शक्ति,
संभावनाओं की अति,
संरचना श्रम, विश्राम की
प्रेम, आनंद, शांति भी।

समय सदा ही, बन कर रहा साथी,
खबर उसे, हमारे पल पल की,
अनुभव से विकसित क्षमता भी, उसी ने दी
समय ही करे सच्ची दोस्ती, जीवन भर की।

जगदीश

4. नए जगत

नए जगत

सोने - जागने से आगे है, समय क्षेत्र एक,
जिसमें हैं जादुई शक्तियाँ, अति विशेष।

यहां के जलते - बुझते जगनुओं से पल,
रचें सूरज, चाँद, तारे, जीवन, व नए जगत।

इनमें बोध की आभा, सजाए जीवन - गाथा,
जगाए स्वप्न, बने अनुभव की जन्मदाता।

इन पलों में ही वास करती है, कोमल प्रेरणा,
जिसे है वरदान, अस्तित्व को भी छू लेने का।

यहाँ से उठती किरणें, जगमग कर दें जीवन,
इनकी शक्ति से, उठे तरंग, तूफ़ान जाए थम।

यहाँ रौशनी अँधेरे चीर, बाहर निकलती है,
कर्कश शोर को भी, नींद शान्ति की मिलती है।

नीरवता की सरगम से, मधुर स्वर उठते हैं,
समय के पग, पल भर रुकने को मचलते हैं।

निराशा के बादल, आशा की हवा से छटते हैं,
थके हारे तन - मन भी, पुष्पों से खिल उठते हैं।

बीज अनंत, जीवन के, बंद इन्हीं पलों में हैं,
चेतना के छींटों से, हो अंकुरित, फलते हैं।

इनसे ही उगते, पेड़ - जंगल, घास, खेत और बाग,
इन पलों से प्रकट हुए पदार्थ, बनाएं हरे भरे पहाड़।

इनकी ही मस्ती छाए, मन के बाहर और अंदर,
इनकी फुहार से उगें नदी, नाले, झरने, समंदर।

यह सब देख, नींद खुलने से पहले ही जग गया,
प्रेरक - शक्ति भरे पलों से, गले लग कर मिला।

पाए उनसे उपहार अनेक, जिनसे गए भर,
जीवन के रण में खाली पड़ते, मेरे तरकश।

अपने जगत में जागा जब, गहरी नींद से,
पाया मन को सजग, हर्ष भरे रूप में।

सुने प्रभात के स्वर, मधुर,
देखे नए दिन के रंग, मनोहर।

अहसास अद्भुत सा हुआ, मन को मेरे,
लगा, आयाम सच के, नहीं बाहर हमसे।

कहीं दूँ न खो, इस जादुई अनुभूति को,
अद्भुत समय क्षेत्र का पता, रख लिया संजो।

जगदीश

5. दिन रात

दिन रात

दिन और रात में फर्क,
वक्त का नहीं,
है दिन, है रात, हर वक्त,
कहीं न कहीं।

अंधेरे और उजाले में
रिश्ते बुरे नहीं,
है आपसी सुलह,
एक है जहाँ, दूजा रहे न वहीं।

सपने और सच में,
ज़्यादा फ़र्क नहीं,
एक के बिना दूसरे की,
कोई हस्ती ही नहीं।

अच्छे बुरे में,
अजब सी दोस्ती,
एक ही मन में,
बसाएं बस्ती।

आग और पानी में,
कोई रंजिश नहीं,

काम दोनों करें,
अपने अपने ही।

ज़मीन और आसमान में,
कोई दूरी नहीं,
देखे मिलते,
बहुत दूर कहीं।

आगे पीछे चले,
राह एक ही,
राह के लिए,
न आगे, न पीछे, कोई।

गहराई ऊंचाई के,
पैमाने वही,
चाहे बसाएं,
दुनियां अलग सी।

खुशी और ग़म,
एक साथ दिखते नहीं,
जाएं जहाँ,
देर तक रुकते नहीं।

आज और कल,
कभी मिलते नहीं,
पल दोनों के रहें,
अलग अलग ही।

बिना उम्मीद के, इस दुनियां में,
एक भी शख्स नहीं,
खुले उसी से,
हर राह ज़िंदगी की।

मन हमारे
कभी सोचते नहीं,
जब मिल जाएं,
जान पाते तभी, हैं एक ही।

जगदीश

6. फिल्मी सपना

फिल्मी सपना

मैंने एक सपना देखा, सोते हुए रात को,
बताना ज़रूरी है, ताकि न समझो,
प्रेरक कथा, मेरी सीधी सादी बात को।

भयावह था, सपने में दिखा जो,
लगा जैसे अनर्थ सा घट रहा हो,
देर तक चला, डरता रहा मैं तो।

फ़िर अहसास हुआ, फिल्म देखने सा,
जुड़े दृश्यों का ऐसा सिलसिला चला,
अब तो डर हटा, आने लगा मज़ा।

सुबह हुई, फिल्म के बाद सा लगा,
कुछ अच्छा, कुछ बुरा, कुछ अटपटा,
मन में चलती रही, गंभीर सी समीक्षा।

अच्छी बात थी, जगता वक्त नहीं खोया था,
सही लगा यह विकल्प, फिल्म देखने का,
न टिकट, न झंझट ट्रैफिक में फंसने का।

फ़िर तो किए कई प्रयोग, देखी फिल्में अनेक,
प्रेम या साहस की, या जिनमें जगे विवेक,

मिला मनोरंजन, बिना टैक्स, बिना ब्रेक।

बन गई अब तो यह, करीब आदत सी मेरी,
पर एक रात, इस सब में कसर सी लगी,
ध्यान दिया तो पाई, पॉपकॉर्न की कमी।

कोशिश कर के ढूंढ ली, एक दुकान,
फिल्म शुरू होने से पहले, लेने पहुंचा पॉपकॉर्न,
नहीं दिए बिन पैसे, फिरौती सा बताया दाम।

तब से फिल्म का सारा नशा हो गया काफूर,
मेरे सपनों में रह गया है, बस एक ही फ़ितूर,
पॉपकॉर्न के लिए, कैसे पहुंचे कैश, इतनी दूर।

जगदीश

7. जन्म दिन

जन्म दिन

जीवन का एक और बरस जी लिया मैंने,
खुश हूँ अपने इस कारनामे पर।

सुधरने की नसीहतें अभी भी मिलती हैं,
कमियों में आई है कमी मगर।

सोच-विचार की आंधियाँ तो चलती हैं,
कभी विचरते वही, जैसे बादल, नभ पर।

संतुलन खोने की आदत अभी नहीं गई,
हौसला सम्भल पाने का बढ़ गया है मगर।

जीवन के जटिल प्रश्न का हल तो नहीं खोज पाया,
उलझन में दिख जाती है, अब तब, सहज की झलक।

चित्त में आता है एक आभास, दिलासे सा,
मंज़िल न सही, है तेरा सफर, तेरी ही डगर।

अंधेरे साथ निभाने को हैं तत्पर सदा,
रोशनी भी दिख जाती है, इधर-उधर।

शोर का ज़माना है, मूक ही रहता हूँ,

प्रेरणा कोई, कभी कभी, कर देती है मुखर।

जगदीश

8. आंख मिचौली

आंख मिचौली

पार्क के बेंच पर, अकेला, बेखबर सा,
बैठा दिखा बुज़ुर्ग एक, सब्र से भरा,
कुछ कशिश थी, सैर बीच में छोड़,
पकड़ लिया मैंने, बेंच का दूसरा छोर।

बड़ा अच्छा रहा मेरा यह फैसला,
एक जिंदगी को करीब से देखा,
हमने देखा तो, एक दूसरे की ओर,
पर शुरुआती पलों ने नहीं तोड़ा मौन।

आड़ी तिरछी झुरियां, उस चेहरे की,
बचपन का मासूम चेहरा छुपाए थी,
आंखों की उदासी के पीछे दिखी,
चमक एक, उल्हास भरी हंसी की।

मुझे लगा, कोई खेल चल रहा था,
जीवन के पर्दे पर, आंख मिचौली का,
खेल यही, ज़रूर रहा होगा,
बचपन में, उसकी पसंद का।

दिखा जो कम्पन, हाथों में उसके,
था उसकी शक्तियां छुपाए हुए,

जीती उसने, जिनके दम पर,
जीवन की हर जंग, निरंतर।

जब तोड़ा, हमने अपना मौन,
किया एक दूसरे का अभिवादन,
सुनी मुझे एक दृढ़ सी खनक,
उसकी लहराती आवाज़ के संग।

साथ बैठे थे हम, पर वह था मग्न - मन,
चुनौती देता लगा, उसका शांत आचरण,
ढूंढ लो मुझे, अगर ढूंढ पाओ तुम,
मुझमें, मैं, और मेरा बचपन।

नहीं की होंगी हमने बहुत सी बातें,
पर जान लिया, शाम घिरते घिरते,
आते थे उसे जादू, छिपने छिपाने के,
मौन में, अकेले, बंद आंखों के पीछे।

हम फ़िर कभी नहीं मिले,
खिंच गई एक तस्वीर, मेरे ज़हन में,
आंख मिचौली खेलते बच्चे,
देर शाम निकले, तारे गगन में।

जगदीश

9. पेड़

पेड़

धरा पर खड़ा, ऊंचा, घना, एक पेड़, हरा भरा,
मंद हवा में, जैसे सिर हिलाता हुआ।

जड़ें जमीं में, खोजें, सोखें, घोल पोषक तत्व का,
तने के सहारे, हवा में झूलें, टहनियाँ, पत्तियां।

उसके जीवन को आधार, पवन का, प्रकाश का,
मिलकर सब शक्तियाँ, देखें उसे, फलता, फूलता।

देख न सकता, पर होगी उसमें, कोई और क्षमता,
तभी दिखे, अब तब, कुछ अवलोकन सा करता।

बरसों पालन पोषण, उसने किया,
अपनी गोद में बसी, दुनिया का।

रहें जहां जीव - पक्षी, गिलहरी, पतंगे, चींटियाँ,
किसी का घर, किसी का खान पान का अड्डा।

कुछ लें उसी से पोषण, फल, फूल, पत्तियां,
बना रहे वो सहनशील, दाता, धैर्य से भरा।

उसके चारों ओर, एक बाग बड़ा सा, फूलों भरा,

सुबह शाम, लगे वहाँ , बच्चों - बड़ों का मेला।

हो खूब शोर शराबा, खेल कूद, सैर सपाटा,
उसकी छाया में बीते शांत समय कुछ, सुस्ताने का।

रात होते होते, कम हो जाएं गतिविधियाँ,
और फ़िर, धीरे धीरे, छा जाए सन्नाटा।

उसको समझ आए,पर कुछ न कर पाए बेचारा,
किसी रात अनहोनी हो, दाव लगे, शिकारी जीव का।

प्रभात करे जादू, भुला दे दर्द, मिटा दे रात का अंधेरा,
ओस चमके, रंग खिल उठें, उठे संगीत चहक भरा।

संसार फ़िर से लगे, खिला खिला, आशा से भरा,
समय चले, चलाए क्रम जीवन का, घटता, बढ़ता।

रहे दर्शक, वह पेड़, सहभागी जीवन का, जो बना,
जल, वायु, मिट्टी, प्रकाश, आकाश के तत्वों का।

अंदर उसके वही सब, हम भी हैं हिस्सा जिसका,
हर आयाम में, जुड़ा एक दूजे से, जीवन सब का।

वही शक्ति, वही अंतरिक्ष, वही समय, वही धरा,
एक ही आरम्भ, एक ही चरम, एक ही संवेदन धारा।

जगदीश

10. मानव मन

मानव मन

हमारा अन्तर्जगत,
ब्रह्मांड, अपार, अनंत,
सूक्ष्म अणु कण,
इन सब की संरचना विचित्र,
एक दूसरे से अलग ही,
पर समानता इनमें, सकल की।

अपने लघुतम की तुलना में,
हर एक, अनंत ही लगे,
संतुलन इनका, अजब,
देखें ध्यान से, हो अचरज,
बनावट, बेहद जटिल सी,
पर प्रकृति के लिए, सब सरल ही।

है कुछ ऐसा ही, मानव मन,
गंभीर, प्रफुल्ल, जटिल, सरल,
मनचले सा उथला, कभी,
गूढ़ से गहन भी,
गिरे तो, गहराई, पाताल सी,
उठ जाए ऊपर, आकाश से भी।

पत्थर सा कठोर,

सरस जल सा,
एक पल की याद,
बने हर खुशी इसकी,
संजो कर उसे ही,
जी ले जिंदगी।

पर कभी कभी,
हलचल की अति भी,
कर न पाए पूरी,
कमी अंदर की,
भला यही,
बुरा भी।

दयावान इसके जैसा नहीं,
देवता भी यही,
दानव भी,
किसी के कल के लिए,
जीवन दांव पे लगा दे,
दिखा दे, कर के, कुछ भी।

इसी के सपन,
भेद डालें नभ,
भेज दे मानव को,
तारों की डगर,
बूझना मगर बाकी, अभी,
अंतर, अपना ही।

जगदीश

11. जश्न

जश्न

याद आती हैं वो शामें, आज भी, अक्सर,
मिला करते हम सब दोस्त, किसी एक के घर।

जश्न सा माहौल हुआ करता,
खुश रहते थे सब, मन था भोला सा।

सबको था पता, किसकी थी पसंद क्या,
पर छेड़खानी के दायरे से, कोई बाहर न था।

खूब मज़ा था, भाईचारे का,
खाने पीने का, उस से भी ज़्यादा।

रसोईघर से आती खुशबू पर कोई बंधन न था,
तांता लगा रहता, उस ओर जाते- आते कदमों का।

बातें बहुत करते थे हम, उनका न था कोई अंत
हँसी और मज़ाक अधिक, ज्ञान कम।

हर कोई अलग था, सोच में, व्यक्तित्व से
कोई किसी से कम न था, बातों में, लतीफ़ों में।

चुप भी रहते, जब सुनते संगीत की सरगम,

कभी जाज़, ग़ज़ल, या ब्लैक मैजिक वूमन।

एक से नहीं थे, पर एक दूसरे की थी समझ,
जानते थे कैसे दबे, किसका बटन।

एक प्यारे से दोस्त को आदत थी,
उंगलियों में पकड़, बाल घुमाने की।

हम सब के मन में रहता था यह प्रश्न,
क्या दिमाग को जगाने का था एक ढंग।

किसी को खाने से था लगाव इतना,
बातों में दिखता, खिचड़ी, पुलाव, सतपुड़ा।

रखते थे ध्यान, एक दूसरे को उपदेश मिले कम,
ज़रूरत पड़ने पर, समझाने को, निकाल देते दम।

मुझे पढ़ने का शौक था, पढ़ता रात भर जाग कर भी,
पर एक भाई ने वक़्त पर जगाने की कसम खा रखी थी।

कभी बुरा न लगा, क्यों दूसरा करे, कहे और खाए, अलग सा,
सब का स्वागत था, वरना कैसे बनता मौका, टांग खींचने का।

महफिलें आज भी जमती हैं,
पर तब की बात कुछ और थी।

वक़्त को तब सलीका था,

थम जाने का।

हवाओं में भी तब था, नशा,
न कि ज़हर, आज सा।

जगदीश

12. कौन जाने

कौन जाने

चाँद पर पहुंचा मानव,
चाँदनी में नहाया होगा,
मन से परे जा, मुनि,
मौन को पाया होगा।

कौन जाने, जाने कैसे,
बन जाते अफसाने ऐसे,
किस्से - कहानी हैं,
या, संकेत गहन सत्य के।

जाने कब से चल रहे,
संसार में, खेल जीवन के,
यहाँ के किस्सों के पीछे,
होंगे अंश, सच के।

बहुत से किस्से,
हमारे जीवन के हिस्से,
छिपाए अंदर अपने,
सुराग किसी खजाने के।

जाने किस ने, खींच लकीरें,
बनाए, सांकेतिक नक्शे,

कि पथ सब देख सकें,
खोए सत्य को पाने के।

खेल दिलचस्प है,
अगर खो गया है सत्य,
बात तब, सतही नहीं,
खोज है, गूढ़ तत्व की।

ज़रूरी है ऐसे में,
रखना हर ओर नज़र,
सोच व मन से दूर,
बोध जगा, कल्पना कर।

सच के सम्मुख आने पर,
शब्द शायद साथ न दें,
अहसास उस क्षण के,
किस्से बन, मानस पर छाएंगे।

किस्से सब, साथ रख,
कौन जाने कब,
ले आएं तुम तक,
छुपा के सच।

जगदीश

13. संगीत

संगीत

आज, कई दिन बाद,
सुबह के उन पलों से मिला,
जिनमें होता है, अहसास,
कुछ जादू भरा।

नींद में नहीं,
जागती मुलाकात थी,
पंछियों के गान में,
चहक भरी मिठास थी।

इसी चहक के साथ,
एक नई आवाज़ सुनी,
सुना, लगा कर ध्यान,
गा रहा था, मेरा मन भी।

बात थी अटपटी,
मन मेरा गंभीर,
क्यों लिख रहा,
ऐसी तहरीर।

जैसा होता है अक्सर,
बाहर था शोर भी,

मन ने लिया पिरो,
अपने सुरों में, उसे भी।

मौन को, आवाज़ को,
मधुर संगीत बना रहा था मन,
सोचा, काश, रख पाते यह गुण,
अंदर अपने, हर क्षण।

बाहर होते खेल,
आकार - संवेदन के,
मन में, मन ही पाले,
फ़ल, अंधेरे - उजाले।

कुदरत नहीं अनजान,
मन की मुश्किल से,
कम हो जाएं उजाले,
तो भेजे, मन दूजे, देकर दिए।

रौशन दिए, करें दूर अंधेरे,
प्रेरणा भी दे दें,
बन दिया, तू भी,
किसी और के लिए।

सोचों में न बस,
उगा ले उजाले,
मन को दिशा दे,
रूप अपना निखारे।

जुड़ मूल से,
वक्त की देख - रेख में,
बढ़ेंगे उजाले,
बाँटने से।

तेरी पहचान में,
सच हैं छुपे,
तलाश कर,
जान ले।

सच मन को निर्मल करे,
मन को मौन मिले,
वही शक्ति दे,
खोज के लिए।

जगदीश

14. सच की कहानी

सच की कहानी

जैसे किसी बच्चे की ज़िद, मेले जाने की,
प्रेमी की आस, अपने प्रिय को पाने की,
एक शराबी की इंतजार, शाम ढल जाने की,
सूखे खेतों की उम्मीद, मेघों से, मेंह बरसाने की।

वैसी ही प्रबल इच्छा बनी, एक साधक की,
लगन लगी, दुनियावी सच देख पाने की,
छोड़ बरसों की तपस्या, ईष्ट रिझाने की,
जंगल से पकड़ ली राह, वापस ज़माने की।

कैसे होगा, बात अभी अनजानी थी,
करना ही है ऐसा, पूरी उसने ठानी थी,
खोज की, और शरण नए गुरु की ली,
उस गुरु ने, ऐसा न करने की सलाह दी।

गुरु जानता था, ऐसे सच के हैं रंग रूप कई,
बदलते सच देख, चेला पगला न जाए कहीं,
समझाने पर भी, जब चेले ने मानी नहीं,
तब गुरु ने उसे एक अच्छी सी सीख दी।

देखते ही पहला सच, पक्का उसे मानना नहीं,
अगला रूप आने तक, समझो कुछ जाना नहीं,

उसके बाद भी होंगी, परतों पर परतें कई,
धीरज रखना, कुछ अघट करना नहीं।

चेले ने बात समझ ली, जुबाँ पक्की दी,
तब पहुंचे हुए गुरु ने, शिक्षा और भी दी,
देखोगे जो तुम यहाँ, सच है केवल यहीं,
उस पार, इसकी कीमत कुछ भी नहीं।

यहाँ के सच हैं सभी, छाया और रोशनी,
दिखते है वैसे, जैसे मन ने भरे, रंग कई,
पर्दे पर आकार छापे, ज्ञान-ज्योति अपनी ही,
इंद्रियां पूरी करें, कहानी संवेदन की।

इन सब के बीच, सच्चा सच छुपा रहता कहीं,
जो सच देखोगे, होंगे सच, पर यहीं के ही,
व्यवहार के पीछे होगी एक लंबी कड़ी,
उसमें कुछ बुरा नहीं, बात है केवल समझने की।

इस दुनियाँ में सोच और काम, अच्छे, बुरे, अजीब,
ज़रूरत के हैं, देख कर मत होना अधीर,
जान लो, गलती यहाँ कोई करता नहीं,
कोई करेगा तभी, जब सच दिखता नहीं।

मूर्ख नहीं कोई यहाँ, हैं बहुत प्रतिभावान भी,
पर माया का खेल है, उससे बचना संभव नहीं,
तुमने आज जो सच देखने की चाह की,
शायद इसी माया की है शरारत कोई।

तुम्हारे भले के लिए, यह सब जानना था ज़रूरी,
अब देख लो दुनियावी सच, देता हूँ आँखें नई,
पर वादा करो, खोज को बीच में छोड़ोगे नहीं,
जब तक पा लेते नहीं, सच्चाई उस पार की।

यह भी जान लो, देखोगे सच जिनके,
कोई कमी नहीं उनमें, हैं वो भी तुम जैसे,
सब एक ही तार के, आए हैं उस पार से,
यह अलग बात है, स्वयं को सब नहीं जानते।

बदलते सच दिख जाएं अगर किसी में,
कुछ मत कहना, सब जान के,
अगर कोशिश की समझाने की,
बढ़ जाएगी एक और परत, उलझन की।

समझेगा, तुम शै हो इक अजीब सी,
समझ नहीं, दे बैठोगे नाराज़गी,
उस का वैसा रहने में कोई बुराई नहीं,
जानेगा उतना सच, जितने की लगन लगी।

ऐसा सब कहकर, गुरु आगे बढ़ा, देने को आँखें नई,
चेले ने पांव पकड़ कहा, इनकी अब ज़रूरत नहीं,
इतना सब जानकर, पा ली है समझ, यहाँ की,
आशीष दो, पा सकूँ सच्चा सच जो बदलता नहीं।

जगदीश

15. घर चल

घर चल

बात करे मन, कहे, घर चल, घर चल,
कई अंदाज़, कहने के, घर चल रे, भई घर चल।

कहे बार बार, बात वही सरल, घर चल,
पहुंचें घर, कहे, अब तो घर चल।

ऐसे में सवाल, कहां, किधर,
दे धीमी सी आवाज, अंदर, अंदर।

सुन सुन, आग्रह भरे, मन के स्वर,
पहुंचे अंतर के जगत, था अति सुंदर।

अति सूक्ष्म, अति विशाल, अनंत,
संरचना, वातावरण, जैसा करे मन।

थमा सा समय, खिले आयाम सब,
चाल, बिन हलचल, बात, निशब्द।

शांत, न शोर, न कोलाहल,
न कोई संग, न अकेलापन।

खोज के खेल का, न कोई अंत,

पाने को, खजाने बेअंत, बेअंत।

इस घर में, बसें अनंत जग,
आभास, अंतर्दृष्टि, सजग।

इस घर के, नहीं दर,
सत्य नींव, प्रेम छत।

पुष्प से महकते क्षण,
मुस्कुराए, हर कण।

इस घर में प्रसन्न, मन,
ज़िद से मुक्त, अहम।

अनुभव व ज्ञान के पथ,
विवेक की पसंद।

वृत्ति से निवृत्ति, सरल,
एक-सब, की समझ, सहज।

इसी घर, अंधेरे हर, प्रकाशमय है,
अस्तित्व के मूल, सकल, का उदय।

जगदीश

16. सर्वेक

सर्वेक

समय से आगे, सृष्टि के पार,
है क्या, प्रकाश या अंधकार।

शून्य के भीतर, अनंत के बाहर,
कौन जाने, किसके विस्तार।

जड़ - चेतन, धरा - आकाश,
हैं ठोस सत्य, या माया के पाश।

विवेक के चिंतन, यादों के अहसास, मन के विश्वास,
किसी स्वप्न की अवस्था, या चित्त के आभास।

इंद्रिबोध हमारे - सटीक सूचना के द्वार,
क्या सच लेते नितार, या केवल तरंगें समेटते तार।

विश्व, शरीर, बुद्धि, मन, अंतर, भाव, कर्म, विचार,
क्या सक्षम अपने आप में, या एक ऊर्जा सबका आधार।

क्या है सब वैसा, दृश्य दिखे जैसा,
या है कुछ और ही, न जाने कैसा।

अलग अलग, सबके सत्य की परिभाषा,

क्या करें सच में, सदासच खोज पाने की आशा।

खोज सत्य की राह, त्याग मिथ्या की दशा,
है क्या, दिखे क्या, पहचान बंदी कौन किसका।

बंद कर शोर का सिलसिला,
मौन धर, ध्यान लगा।

समेट ले पहनावा, ऊपर का,
जा अंतर में उतर जा।

बाहर छोड़, हंगामा,
दर्शन पा, शांति का।

समा ले,
अंतर में।

दर्शन सर्वेक का,
एक ही, दृश्य - दृष्टि - दृष्टा।

जगदीश

17. मौन मन

मौन मन

मन में अंश बसें,
हर्ष के, दर्द के, साहस के, डर के।

कभी, बहे, बहाए,
भावनाओं के संवेग में।

कभी रचे भाव प्रबल,
आशा के, प्रेम के, स्नेह के।

कभी दंश दे,
निराशा के, द्वेष के, संदेह के।

किसी के बस में नहीं,
मन अपने, मनमर्ज़ी करें।

मन, अपने ही मन से,
अंधेरे उजाले, रंग भरे।

बचें, मन की मनमानी से,
जब साक्षी बनें, उसकी प्रवृति के।

ऐसा चेतन अंतर, मन रौशन करे,

तज नटखटपन, मन तब, सहज बने।

रौशन मन, हटा दे पर्दे,
छायाचित्र, जिन पर थे हरदम चलते।

निकल बंधन से, मन देखे स्वयं, कैसे मन बंधते,
बिन धागे, बिन गिरह, अपने ही बुने जाल में।

है तो आखिर जादूगर,
अब करिश्में नए करे।

दे उपहार अनोखे,
मौन संगीत के।

अंतर की रौशनी में, बिन अंधेरे,
आभास नए जगमग झलकें, भले लगें।

कौन जाने, सच की किरणें,
या मन ही के खेल, नए।

आभास ऐसे, जब मिलें,
क्यों लगे, मिलते रहें।

क्या कहें, क्या सुनें, किस्से,
जगते अंतर में उभरते, शब्द के।

हो मौन,

अचंभित करे।

मौन से,
मौन मिले।

वही कहे,
वही सुने।

   जगदीश

18. उद्गम

उद्गम

क्या है उद्गम, चेतन आस्तित्व का,
अकस्मात घटना, या आयोजित करिश्मा।

क्या है जीवन की महत्ता, यहीं आरम्भ व अंत यात्रा का,
या एक क्षणिक प्रस्तुति, अनंत धारा के एक अंश द्वारा।

यहां जो दिखे अंत, अंश की वापसी है क्या,
सतत चलती धारा से मिलन, बिछड़े अंश का।

उस अंश ने यहां जो दिखाई चंचलता,
वह रूप यहीं के लिए था उसका।

अन्ततः हर अंश का समापन, वही एक धारा,
अंश को पता ही नहीं, अस्तित्व जिसका।

मूल रूप हर अंश का - अनंत धारा का दिया,
अंश जाने न जाने, धारा को सब है पता।

दिखाए झलक - ब्रह्मांड में आत्मसात जीवन-छाया सा,
पर रहे एक परम गूढ़ रहस्य, पा न सकें भेद जिसका।

उसी के अंश ने दिखाई है अद्भुत क्षमता,

मानव रूप में, ब्रह्मांड के सिद्धांतों को समझा।

आतुर जानने को सब, सजग मानस हमारा,
करता ही रहा है, परम की जिज्ञासा।

शायद, कुछ आभास भी पाया,
या फ़िर, बहुत सा।

जिसने जाना वही जान पाया,
सबको समझ न आया।

शायद धारा क्षेत्र है, समझ बूझ से परे का,
मूल बीज जिसका - जानने की इच्छा।

अंकुरित हो - ले रूप साधक का,
दर्शन पहला - भ्रम, संशय, अज्ञानता।

जान कर अपनी सीमा, खोजे ढंग नया,
बिन भटकन, कैसे जाने रास्ता।

अंधेरे हमारे ही, देते सच को छिपा,
ऐसे में, क्या है कोई उपाय, देखने का।

सच जानने की नहीं कोई एक विधा,
न कोई एक समय या एक जगह।

नहीं एक ही राह या एक दिशा,

न ही एक प्रक्रिया, या एक सुधा।

पाने को इशारा,
अंतर जगा।

रास्ता - बाहर से अंदर का,
कभी सहज, कभी भटकन भरा।

जगे रोशनी की चाह, जब दिखने लगे अंधेरा,
जब रोशन हो मन - खुल जाए रस्ता।

चलना है जादू भरा,
मंज़िल ही चाहे, मिलना।

खोज भी एक अजब करिश्मा,
मिल जाए यूं ही, खजाना कितना।

बोध नींद का,
सुझाए भान की दशा।

देख पाना, अभाव अंतर का,
बन जाए एक वरदान सा।

मन अपने को सजग बना,
जाने कब हो जाए, कोई अनुभव अर्थ भरा।

न भी सध पाए, सम्पूर्ण चेतना,

अवसर तो मिलेगा, इक झलक का।

जगदीश

19. शक्ति कण

शक्ति कण

तेरा मेरा अस्तित्व, इस जगत से परे,
शक्ति कण, चमकें अनगिनत आयामों में।

हम यहाँ वैसे नहीं, केवल एक शरीर दिखें,
तार गहरे मगर, टिके वहां तक, जहां शक्ति वास करे।

यहाँ, शक्ति-पुंज हमारे, एक दिए की लौ से लगें,
हैं जगत और, जहां के सूरज तारे भी हम में बसें।

पहचान यहाँ, बाहर से, अनजानी सी लगे,
पर अंतर की खबर, है अनंत लोकों में।

यहां अनंत काल से चलते वक्त-आयाम के खेले में,
किरदार तेरे मेरे, जानें रंग-ढंग, केवल इस जगत के।

नाटक करें, नट से नाचें, सोचें, कहें, करें और भरें,
देखें सपन, सोते जागते, सोते हुए, समझें जाग रहे।

खेल ये, बनें अवलोकन के ज़रिए, सकल के लिए,
रहें अनजान हम, जिसके अनादि, अनंत, विस्तार से।

जिन स्तंभों पर शून्य-अनंत, सूक्ष्म-स्थूल, सब जगत टिके,

उनके कण हमसे पहले थे हर जाने अनजाने जग में जिए।

हर उस कण के नए अस्तित्व, अपने नए आयामों से,
दें हमें शक्ति-सूत्र, ध्यान, ज्ञान और सच की झलकें।

विलक्षण से अहसास दें, हमसे जुड़े तार उनके,
लहर बहे तो अस्तित्व को भी झंकृत कर दे।

पर यहाँ के रंगमंच को, अपनी सीमा समझ के,
भूल जाएं सूत्र, दिव्य शक्ति कणों के दिए।

संपर्क कटे तो शक्ति संचार रुके, बढ़ें उलझन के अंधेरे,
एक ही स्मरण मगर, कर दे फिर से रौशन हमें।

नमन दूजे आयामों में स्थित, शक्ति कणों को, मन से,
भूल नादानियां हमारी, दिखाएं सही पथ, सही दिशाएं।

अवसर दें समझने के, दें शक्ति भरपूर हमें,
अंतर का ज्ञान दें, सच्ची पहचान दें।

जगदीश

20. चिंतन

चिंतन

क्यों है ऐसा, जैसा है,
आकार-संवेदन-समय, दिखाए वही।

पल एक, सब के लिए वही है,
पर प्रभाव हर एक पर, अलग ही।

यूँ तो समय भेद करता नहीं है,
पर गलत भी वही, वही सही भी।

मन के अंदर एक दुनिया बसी है,
वही रचे कहानी, हर पल की।

हो सब मन की, ज़रूरी नहीं है,
बात स्वीकार करने, न करने की।

स्नेह, क्रोध, रुचि, अरुचि, मर्ज़ी मन की है,
जाने अनजाने, अच्छे बुरे, पाले नतीजे भी वही।

है सो है, घटते पल की कोई मंशा नहीं है,
मन न रंगे, तो जो हो बस हो, न बने नौटंकी।

सब करना पड़े कबूल, ऐसा भी नहीं है,

अच्छाई का रूप - बुराई से लड़ाई भी।

रंगमंच पर, अपना किरदार तो निभाना है,
पर पकड़ सच की डोर, रह समभाव, सहज ही।

प्रश्न तो यह भी है,
जैसा है, क्या सच में है, वैसा ही।

कौन जाने ऐसा है कि नहीं है,
प्रदर्शक हम, दर्शक भी।

नाटक बिन संयोजन तो चलता नहीं है,
किसके हाथ निर्देशन, कथा सूत्र भी।

या सब यूं ही चल रहा है,
ज़रूरत ही नहीं, कथानक की।

मात्र एक पात्र, समग्र कैसे जान सकता है,
नाटक में, होने को हो सकता - कुछ भी।

यह नाटक कुछ अजीब ही है,
किरदार मान बैठा, सूत्रधार वही।

कुछ तो है, जो समझ से परे है,
नट, बन नायक, रचे नाटक अपने ही।

दिखे सक्षम, पर कुछ तो कमी है,

तलाश करता फिरे, किसी गहन अर्थ की।

जो भी है, अद्भुत है,
पर दिखता, सब नहीं।

क्या कम है प्रकाश, या दृष्टि की कमी है,
पूर्ण दृश्य दिखाने वाली, क्या अलग है, रोशनी।

आभास की कमी नहीं है,
उजागर हो रहे प्रश्न, अपने अंतर में ही।

क्या अस्तित्व सब के, अलग हैं,
या ऊर्जा एक ही, सब में बह रही।

क्या एक ही शक्ति, सारी सृष्टि में है,
क्या एक, सारे ब्रह्मांड का, भान भी।

क्या चेतन अस्तित्व एक संयोग ही है,
या एक अद्भुत कृति - जिसमें शक्ति स्वत्व की।

कहानी नाटक की, कभी भी बदल सकती है,
यदि स्वत्व सच में देता है, आज़ादी चयन की।

व्यवहार, प्रक्रिया, सोच, याद, कहनी, करनी हमीं से है,
पर चलती सदा, ज़िद्दी मनमानी, मन-अहम की।

हमें इस अन्तःक्रिया की पहचान है,

पर बाली सा, मन-अहम का बल भी।

हमारे अंतर में, भान का बोध भी है,
जो दे प्रेरणा, आत्म अन्वेषण की।

शक्ति भी मिल ही जाती है,
अंतर में उतरने की।

मन-अहम-विवेक के मिलन से बन सकती है,
बुनियाद नई, ज्ञान से परे - सत्य के खोज की।

इस सोपान पर, प्रेरक शक्ति मदद करती है,
दे दृष्टि, जो देख ले उभरती झलक, समाधान की।

भ्रम, संशय, भटकन, संग रहते ही हैं,
बरसाते रहते, नए प्रश्नों की झड़ी।

प्रश्न केवल उलझन की गुत्थी नहीं हैं,
प्रेरणा भी दें, सार्थक उद्देश्य की।

अंतर की गहराई अनंत है,
चलने दे धारा चिंतन की।

जगदीश

21. बंद कर बीन

बंद कर बीन

राही हैं हम, चल रहे, अपनी राह पर,
सोच में मग्न, मन ही मन,
धुन अपनी-अपनी, दे रही संग,
जोश, आशा, उद्देश्य की सरगम।

सब स्पष्ट, राह, मंज़िल, सफर,
बाधाएं दें साथ, चलने पर,
हिम्मत को दूरी से नहीं डर,
पग कितने ही चले, उसी डगर।

मोहक नज़ारे, निश्चिन्त नज़र,
पथिक रखे, समय की खबर,
कभी कभी, कुछ जाए बदल,
पा ले कोई, आभास अलग।

पल कोई, दे दे ऐसी एक दस्तक,
किसी राही को लगे, कुछ नया कर,
केवल कदम न रख,
आगे भी बढ़।

आँखें मूंद, देख दूर तलक,
बांध मन के अश्व, तज बंधन,

खो जा, खो दे अहम के भरम,
कर सागर पार, लहरों में डूब कर।

समय से न बंध,
आगे निकल,
जहाँ सब,
रहस्यमय, विसंगत।

कर खोज, अपने ही अंदर,
खोल दर, सच को चित्त में भर,
काट अंधेरों के खरपतवार,
खिलने दे पुष्प, उगा प्रकाश।

ऐसे लक्ष्य की चाहत,
कभी कभी पा लेते हम,
भूल भी जाते, किसी दम,
चलते हुए, अपनी राह पर।

पाने को लक्ष्य, चल रहे हैं हम, कदम कदम,
जिस गंतव्य, जिस क्षण, जिस आभास तक,
है वही हमारे संग, हर कदम, हर पल, हर दम,
देख लें, अवकाश किसे, अत्यंत व्यस्त हैं हम।

जग जा, देख, सच संग तेरे चल रहा,
रुक, कर अभिनन्दन, इस पल का,
बंद कर बीन, तमाशे से बाहर आ,
बजने दे डमरु, अंदर अपने शिव जगा।

जगदीश